VERA PEDROSA

A ÁRVORE AQUELA

COSACNAIFY

ARCAICAS

Do ar

são cidades do jaguar
selvas do puma
matas e serras
que antes abrigaram
a serpente emplumada
monarca no ar e no inframundo

ao norte são narvais seus dentes
artefatos de marfim canoas dos inuit
gelos flutuantes
e no entorno
mares verdinegros
a perder de vista

Corvos

sete corvos gritaram entre guindastes
alarido ao sol poente
vozes ásperas

no silêncio da manhã
passei por prados colinas
cordeiros natos de há pouco
é mesmo assim
perguntei
corvos roucos entre guindastes
oxidadas engrenagens
pontes
ficaram para trás
pulsaram postes
é mesmo assim?

a sucessão de estacas verticais
e de dormentes
e o cinza o úmido
a estação de onde se chega ao cais
cheiro de mofo e sal
é cedo ainda

Milan Gray Milan

então cheguei
à cidade grisalha molhada
passos incertos no calçamento quebradiço
a tarde oca de som
andei a sós sem pensamento
que é quando passos ressoam ecoam tiqueteiam
e nas urbes se ouve nos bolsos o tilintar de chaves
e só isso povoa o silêncio

aí cheguei ao prédio
o endereço certo mas o pórtico
com pesados estandartes negros
flutuantes debruados de dourado
e no pátio interior vestido de preto
um caixão entronizado
desacompanhado sem flores
e ninguém a quem indagar
pessoa nem voz nem nome nem escrito
retrocedi
voltei os passos
por ruas carcomidas
paredes mudas
vidraças cegas
e no entanto
foi falso presságio

o morto que pensei não era ele
no velho edifício dos negros estandartes
ainda vive e cria

Gotham City

no cânion de concreto
chibatadas de vento
uma entre tantos
na indistinta indiferença da intensa transumância
a nostalgia
da maresia do salitre
de roupas na brisa mansa
de ouvir alguém dizer
a palavra suportal
antes
passeei entre os deserdados
as garrafas vazias os sacos de trapos
vi catres através de janelas térreas
alinhados em promíscuos dormitórios
a serem pagos ao vintém por noite
destituídos dentre os destituídos
quem eram e por quê?

No gabinete

1.

pausa para a ave sagrada nos altos da árvore da vida
acima da serpente que se esgueira
pelo eixo que une e separa
pausa para a ave oculta nas dobras do tecido
bordado em ouro e pérolas
fios de seda e sombra
fecho o livro
na tarde lenta na mormacenta modorra
no gabinete fechado contra a luminosidade baça
o peso de coisas guardadas
sufoca com seus fungos
da rua se ouvem passos de gente que corre
cuidadores de cães que quando se cruzam
ouve-se a escaramuça
abro a janela
acima da pedra
viva como lombo de animal
ferve de espuma o horizonte alto
folhas embaixo levemente se agitam
logo o sol declinante tingirá o rochedo
de tons de rosa e laranja
fogo e água
um sopro inesperado me arrepia

2.
o dia flui
luminoso aberto
árvores lavadas por chuva recente
dia simples
e brilha
pescadores quietos à distância

à tarde
efervesce o topo da montanha
encrespa-se de leve a superfície da lagoa
passa um homem no seu barco
silhueta esguia

além da água
prédios claros aquecem-se ao sol

um homem arma o cavalete
à sombra da amendoeira
desenha na cartolina branca
um barco uma parede

3.
no lusco-fusco
de longe acompanho o deslocar-se
de um entre tantos barcos deslavados
redes de matéria luminosa

fosforescentes pairam nas proas
levitam sobre elipses de prata nos balaios

o nauta põe-se em pé
indiferente a quem passa na calçada
no casco precário
ereto
senhor de seu tempo

The Black-jack Gypsy

desviava cavalos
sussurrava-lhes palavras que sabia
e o seguiam a trote pela porteira
era moreno e belo

observá-lo
somente de esguelha
te descuidavas
e ficavas para sempre entre os dele
a viver na caravana
chamava-se Jasper

quem há séculos o seguiu
foi nobre dama
deixou atrás de si conde e castelo
e luvas da mais fina confecção
delicadas luvas de pelica branca

Kipling

as the dawn was breaking
a sede arrasta a corça
à poça turva
abaixa o pescoço
bebe
susta o sorvo
ergue a cabeça
salta em susto
narinas tremem
é observada no recuo:
this I stalking alone beheld
ouve-se distante dissonância
uivos da alcateia
que ao alerta da sentinela solitária
se aproxima
lobos cor de bruma na madrugada

Tela

um colar de âmbar
aquece o colo branco
o retrato é plácido e especular
mangas de cetim
adereços de ouro e renda
braço pausadamente erguido

como descrever um quadro
mundos ditos ao contrário
manchas de cor figuras
traços vistos como signos
truques hachuras
uma tela um aranhol de traços

se a palavra confunde
o olhar não mente
aceita rejeita
se vê o que se vê

Artesão do barro

as finas mãos
voam precisas moldam a
terra pliável
dedos azuis
ágeis como os pés de um pássaro

Pandora

na áspera restinga
indiferente ao enxame de males
ao liberado infortúnio
deambula
não observa
o alambicado revoluteio
não ouve o zumbido
nem os vê os entes solertes
o movimento rastejante
daqueles seres que farfalham
sob folhas caídas
nem treme quando a seus pés
correteiam lagartos de barriga fria
escaravelhos que empurram
orbes de esterco
libélulas miméticas que de leve soam
algo ficou no cofre
escapou não escapou não sabe
sozinha pensa
não
não há de ser nada
neste matagal me guardam
os pontos cardeais
as direções do vento
e minha boa Senhora
da Boa Esperança

LUIZ
NO
RIO

Luiz no Rio

na véspera visitei sua mãe em Santa Tereza
vendo a cidade entre frestas
cymbidium alexanderi
a dificultar a descida para a casa
por desiguais degraus de pedra
tremia sobre o braço dobrado
oferecida por procuração
a orquídea meio rala
que colocou à janela
falou-se só de coisas passadas
momentos entesourados

naquele dia
na tarde que a cada um acolheu no mesmo afago
sobre chá com torradas ele lembrou o poeta
lembra ele disse
entre nós palavras tão frias jamais foram
pronunciadas
lá fora o trânsito resmungava e rugia
o asfalto brilhava

o teu e o meu lembrou
o amigo na tarde de outono
tarde de paz
de paz e dourada

o teu e o meu
tua desgraça minha sorte meu pão tua miséria
tua ferida minha alegria meu labor teu esporte
tua graça minha carência meu excesso tua falta
tua vida minha ideia
o poeta ele disse
numa cidade desfazendo-se

voltei à tarde anterior
pensei na mãe em Santa Tereza
sentados um aqui outro ali
na mesa os restos do chá
imersos na aura alaranjada
na tarde de outono citou o poeta
palavras tão frias
qualquer um teria dito
aquela mulher era voraz
faria do filho um misantropo
o filho ela queria só dela

uma tarde como tantas
sem sobressalto
palavras habituais
consciência em equilíbrio
amigo sem nenhum sobressalto
darling dearest
e não nos envergonham me disse
nossa fala de trivialidades
nossos queixumes comentários

as fartas frivolidades
há dezessete anos nos ouço

quando me deixou
desci à lagoa a ver de perto os barqueiros
regressavam com a pesca
segui da calçada um barco azul
um pescador de japona escura
o outro trabalhava
o barco se movia
pelo esforço de seu braço deslizava

tua luta minha luta
deserção falha

foi anoitecer de ígnea incidência
dos que explodem antes que a luz esmoreça
crepúsculo afável sobre os telhados
brando sobre a água
tarde demorada
a memória a prolonga com o amigo
irmão amado

Conversa em curso

por que não paro de falar contigo
és duro na queda
ficas aí no meu ouvido
e mal te ouço

culpa há sem dolo
não queria que te fosses
a ausência como nódoa
como desfeita de quem falha

não
não foi de ninguém
pior seria uma saída desavinda
que a partida inesperada
pior seria um corte sem aviso
imposto ao desejado

só que
não tinhas que partir tão cedo
falo não sei se ouves
assim ao afastar-te devagar

Desaforo

ouça Lu
preste atenção
um mais dois é igual a três
um é igual a um
somando um dá dois
três dobrado dá seis
mais quatro é dez
um mais dois mais três
mais quatro é dez também

bom é mesmo o nove
nove vezes três é vinte e sete
que se lê dois e sete
três menos um é dois
soma dois com sete dá nove
nove vezes sete é sessenta e três
que se lê como se lê
sete menos um é seis
e seis mais três dá nove
é sempre assim com o nove
entendeu seu burro

Lu

o céu muitos dias parado no azul
supõe-se que tudo bem tudo perfeito
mas a luz a luz esfumaça
a paisagem urbana esmorece contra o fundo saturado

graças a deus
quando podia chamar-te
a cada instante estar aí
almofadas brancas no sofá escuro
a ampla Benedita acarinhando plantas
nos enfileirados potes
perfume no ar
de alho sendo frito na manteiga

teu ouvido está fora de alcance
o paciente ouvido
enquanto embaixo
vinda do térreo
uma gaita de fole
se ouve persistente
na manhã domingueira
nesta urbe que se dota
de um só rio desidratado
e entre amigo e amiga
um oceano de distância
a engolir em seco

MARES DO NORTE

Mares do Norte

pisam de leve nas tábuas de cedro
sandálias douradas descrevem círculos na serragem
o céu antes nublado agora se abre
o par se move diante de suaves colinas
e rico mar piscoso e água fria

no entardecer
ossos estremecem
mantas agasalham ombros
bebe-se do vinho seco da terra
servido fresco em cuias de porcelana

da janela em tarde abrasadora
saudosa de Tuy de Compostela
distante da praia América
lábios tocam a borda do cálice
inclinado
na direção do mar do Norte

Veladuras

1.
preciosas veladuras
envolvem a vida que fervilha na planura
acima dos restos dispersos
de tesouros afundados na vasa ardente
véus resguardam flores
a ondear sobre talos e ramagens
são fogo e valor

flutuam na brisa páginas soltas
transparentes quase

2.
o poeta em êxtase
torna-se uno com céu e terra
formas coleantes o roçam ignoradas

3.
musa intemporal
ensimesmada ante amantes
enlaçados em devaneio e doçura
pensantes
aos quais não acedemos

4.

campo que atravessa o andarilho
no espaço que a luz submerge
cintilam estacas singulares
por ali caminha ereto o andarilho

Dádivas

abre-se um prisma
na mão estendida
irradia

o plano evoca vozes palmas cadências
risadas palavras gratas

uma janela abre-se ao vento
abre-se ao perene dia
ao incêndio
ao desdobramento permanente
da coisa contínua

abre-se a janela a águas serenas
à voragem
a vertedouros e estuários

à distância descortina-se a planura
um campo ilimitado
que a aurora abre

A lo lejos

1\.
que tempo estranho e como árduo foi aquele
ainda ouço a se esmaecerem vozes antigas
e vejo rostos no entorno que se esquivam
não sei
não lembro

2\.
contam-se histórias que não as verdadeiras
não as marítimas serranas
que as cantavam vozes maviosas
e embalavam o langor de tardes lentas

3\.
aqui não sou ouvidos
aqui se fala alto
aqui se grita
aqui atordoa

4\.
o tempo célere
oblitera entrechos de caos e alheamento

tonteia soterra história intrincada
frases se confundem
dissipadas sob o rumor de
palavras incessantes

5.
à borda da piscina a mulher
se aquece ao sol
volta o rosto se abriga
nenhum acidente no ar
vê-se distante
do monte das *meigas* das casas de pedra
de túrgidas nuvens iminentes
vê-se
e é tudo então
concomitância

6.
âmbito dulcíssimo
do bosque de carvalho
echarpes de lã ao vento
à beira-mar nas rochas
os percebes
seu cheiro agudo

7.
vem em seguida o campestre
de dura aresta
rudes rumos da Castela seca

Quadros

disfarce de afeto
face
da resguardada convivência
o falso indiferente mantém recolhido
o parco afago

não engana no entanto
encantadas crianças
que o conheceram e amaram

nos desenhos
há deuses vulcânicos
leitores se agacham
entre folhas e páginas dispersas

a vida toda em cadernos vermelhos e pretos

ANDINAS

Planalto

o ar gélido toca de leve o rosto
um vento andino cheguei a pensar
imaginando que ouvia ali naquele ermo
o som de quenas
o som do sopro que anima a Cordilheira
o som oco do ar
quando passa pelo bambu

Cavalo

no clarão
a figura de um cavalo
cor de cinza e claro
estardalhaço de papel crepom flores e fitas
e se impacienta
ânsia de voo

no planalto
o espaço é ilimitado
se não te estancas na borda
uma força talvez te aspire
ou tropeces talvez
em direção ao oco

já o cavalo
sabe o espaço
o espaço no galope
despenca pelos lados
enquanto o tempo
insaciável
predador
dispara

No rumo do leão adormecido

a caminho
de novo os confronta o mar
mar da vertente de pelicanos
leões-marinhos
crustáceos de viva cor
e grandes rochas luzentes de sal
chegam à praia
onde há pedras desprendidas
de um antigo quebra-mar
pisam mal
o sol atrás de nuvens baixas
blocos no quintal de adobe que se desfaz
paredes desmanchadas de algum antigo ontem

a atmosfera é cor de cinza o solo é árido
em tons de violeta ocre e azul
de terra e óxido

o céu baixo envolve os viajantes
no aperto da densa umidade
que contra a vontade de ambos
os intimiza
o ar carrega odores violentos
de iodo e sal e vida marinha

cheiro de marés velozes e
nuvens-espuma

montanhas se movem
se mostram se distanciam
é uma terra
que a qualquer momento
se abre em gretas

espigões de pedra mar adentro
fervilham
na euforia do oceano

na placidez do pavilhão avarandado
um senhor os espera
prato de figos sobre a mesa
leão de gesso entre livros
uma ânfora na estante espartana
cansados chinelos de couro velho largados no tapete
e o rádio irradia voz rouquenha

a visita breve lhes fará saber
que o tempo é este

Farta de flores

o arbusto é magnético
a planta farta de flores
vejo flores brancas
sobre a superfície ebanizada
algo faz fremir as pétalas
translúcidas
não me distancio
acaso me alheie ignorarei o perigo
que algum cipó dissimule
vejo uma esfera na penumbra
é fulva é rutilante

agarrá-la
antes que o arbusto se desfaça
as flores despetalem

Quem se lembra

foi em julho
um dos presentes
um jovem de cabelos negros
pôs-se em pé
parecia deslocado na plateia

deu ciência de que estava ali
fazia um frio de montanha no verão
a música era melancólica e indígena
vento nos juncos silvos na grama

como que hesitou
alguém se afastou para deixá-lo passar
sandálias
longa trança negra
pisada silenciosa
silhueta em branco
frente a cadeiras dispostas no jardim

não disse palavra
o moço cujo rosto não vi

Três lagos

1.
o asteroide mergulha no lago
o clarão logo se apaga
é como se todo um continente
mergulhasse no vasqueiro espaço
de um canto do teu quarto

2.
o lago é visível à luz do dia
asas transparentes o sobrevoam
não tocam a superfície
a água borbulha em lugares
eras choveram sobre o magma
magma vivo no fundo da cratera
a profundidade não se mede
de vida invisível não se sabe

3.
em Ranrahirca
a fosforescência debrua o lago
a linha verde

Petroglifos

o avô, o pai
beberam de *pilches* de osso e prata
pura água de degelo
sob cumes nevados
em locais ermos e eles no vento frio
detidos ante carcaças de templos vazios
que o espírito havia há muito desertado
levavam mantas de finos fios
tramadas como o próprio universo

seguiam caminho

dos casarios percorridos
rostos graves os observaram
guardiães segundo se dizia
de um povo diminuto
que àquelas altitudes
dissimula a vegetação rasteira

ouviam no vasto silêncio
gritos de aves que já não voam
decifravam sinais gravados
nas laterais das cavernas
sozinhos no altiplano
sob o olhar das harpias eram vistos
por olhos percucientes
que veem o visto

A ÁRVORE AQUELA

A árvore aquela

mais ele via a lua
quando nela discernia cornos de touro
água a jorrar de um jarro
um cálice oferto
das mãos de aves leoninas

mais amou segundo disse
quando menos amou o ser amado
compadeceu-se de quem iluso caminhava
de quem se aferrava a si e ao outro

naqueles dias andava a buscar
no fundo da mata
uma poça com a árvore invertida
reflexo da árvore aquela
que une os mundos
e cujas raízes com as da outra
no espelho da água
se agarram e entrelaçam

Sol por montanha

contra o céu
uma árvore em ouro
fulgura
parca vegetação bordeja a senda
na meseta o sol de sete raios
ilumina o que lembra
ruína de uma pirâmide
que a sobrevoem aves com garras

ali quem anda
vai por caminho a custo entrevisto
entre alçados paredões
e rochas

Momentos

1.
o menino (delicado, irônico)
murmura quando joga
cala tem segredos

2.
por que a noiva cega
retirou-se de cena?
não tem olhos para ver
não vê

3.
o retirante
largou na correnteza o fardo
ofegante chegou à margem

4.
temem por ele
temem tanto que param
petrificados

Pedro, Ines, Antonio

1.
Pedro

mãos românicas
lisas
como as daquele a quem mais lembras
nariz cinzelado
olhar doce e copta

andar
convocar-se
desde a entranha

2.
Ines

sempre dizias quando perguntada
I'm happy
intrépida
o coração intenso

pisas com brio os novos quadrantes
o olhar agudo
a vontade clara

3.
Driftwood

na constante refrega
se avança se recua
se pisa de lado
a madrugada com gosto de ferro
esvaída lembrança
rola na maré
quem sabe de onde vêm
as fulgurações
as epifanias

4.
passagem

tão recente a doce beleza
a inocência de que ninguém oxalá
de todo se despeça
em torno de cada centro
círculos vão se alargando

5.
Antonio

vovó
por que o céu é uma cor

perguntaste uma vez
e te respondo
respira o céu ultramarino
vê a cor da distância
entrega o rosto à luz
que celebra o dia

6.
flores

no vaso de pedra tosca
vê de novo o lírio
o agapanto as calas
assentados ali
para alegrar o dia
alegrar os corações

7.

no cerne é sempre a chama
a alma serena e clara
água canora
e amor profundo

Mamita

meus cabelos cresceram
a chorar minhas mágoas
cresceram do solo lisos e pungentes

não pensei que quem enveredasse ao lado
pela trilha de cascalho
ouviria um canto
um pranto estridente
no campo mesmo
onde resplandecia em menina
minha face de romã

Na mata

pontos luminosos entre formas indistintas
de arvoredo e lianas
parecem grossas gotas de mercúrio
que lentas deslizem

Redes e casuarinas

um à sombra da varanda
enlanguesce na rede
ao lado da que escreve

o velho Manuel caminhava incólume sobre espinhos
pisava descalço na vegetação rasteira
atravessava como brisa o trançado da mata
agarrava cobra na cabeça à mão nua
por ciúme do emprego
foi morto a pauladas

à casa que Mary construiu
vão netos e bisnetos
ninguém a vê da estrada
da praia não é vista
não lhe agradava o ruído incessante
das casuarinas
aborrecia a ventania brava
vinda do mar
que não quis a todo instante

terra adentro
esmorece o vento austral
e ainda há calma ainda há silêncio

Arcanjos

da peanha branca na parede branca
preside a imagem grande
de Miguel Arcanjo
rigoroso
ao lado a tela antiga
com Tobias e o peixe
é ele Rafael Arcanjo
protetor dos viajantes

O cacto

na lua cheia
irrompeu a flor do cacto
branca delicada e violenta
tocada de verde e púrpura
diáfana extensa estriada

pela manhã
o cacto havia fenecido
feneceu da flor
tão grande era
foi retirado aos pedaços

resta na restinga
o assobio constante das casuarinas
no areal costeiro
meninos
gritam chutam bola
e correm pela espuma

Catarineta

meu pai cantava

eu venho da madrugada
eu bati à tua porta
eu bati
tu não respondeste
senhor dono desta casa
se não me abrís esta porta
não sois feliz não sois nada

e entoava

Prinspo eu não te disse
ai que tu não fosses à guerra
ah mas o príncipe
de ai teimoso
virou-se em cinza em pó e em terra

chupava mangas no jardim
sob o ar suave
que movia palmeiras inclinadas
um guardanapo branco
sempre grande
atado ao pescoço

por seus dedos e mãos
escorriam veios áureos

mergulhava os braços
mangas arregaçadas
com sumo gosto
na água irisada
da bacia de esmalte
enxugava-se na toalha branca
que recendia a sol

PASMO

El malevo

palavras do mal pensado dardos de chumbo
extraí-las da carne
o mágico de turno
exibe na palma aberta
cravos cor de sangue
já a vítima se incorpora e deambula
o mágico oferece a mancheia de safiras
e ri
um esgar
a lona é de sinistra tessitura
me voy
no estoy de bromas

Despertar

outra vez rostos anônimos te confundem
retrocedem se sucedem contra um fundo sanguíneo
olhos te fixam percucientes
atravessam a alma
enxergam dentro
são vistos na aurora fria
há um abismo ao pé da cama

e amanhecerá
e logo tudo será como se nada
algazarra de aves
o céu outra vez diáfano
extenso esgarçado

Rondó

vento Solano
ouriflame
circulares estrondos
aqui
          ali
urdiduras
velaturas
anedotas sólidas
de taverna

Viagens

o tempo vencendo
e se abrem em leque
espaços a vencer
dias desembocam em noites que
desembocam em dias e estes
em noites

Mãe grande terra
ampare

noites regidas
por sonhos
neles nos desgarramos

Progresso do guarda-chuva

vai o homem pela rua
o guarda-chuva amarelo e ele sob
a redoma um santuário
e ataca a intempérie
tropeça e luta
o vento arrepia poças
o homem avança hesita chega à esquina
desaparece
some

Um barão

quem foi um barão de Nonoai
veio a pergunta
talvez o tapete
num mesmo lugar de outro tapete antes
talvez a arquitetura
a sala a lembrar outra sala
nem ideia
de onde chegou aquele nome

foi numa casa com jardim
em plena costa desértica um paraíso
buganvílias no terreno pedregoso
daturas de flor branca e amarela
jasmim-manga
cactos e suculentas
areia grisácea
esplendor

um pequeno ser redondo
olhos de rolimã
vigiava temeroso
atrás de um círculo de begônias
e nunca se soube que bicho era

ficou daquela tarde aquele nome
de um barão não sei quem

Tô indo

escapando da chatíssima hora do lobo
dos beligerantes antigos seus elmos de ferro
dos chacais imundos das opiniões de pacotilha
de nuvens de fogo solidificadas do mesmo do mesmo
escapando do contrincante taciturno
sacudindo o lodo dos ombros
liberando os pés da vasa
gritando
gritando

Toalete

ao sair
veste o par de luvas que na hora de vestir
encontra outras luvas dentro

Mudança de endereço

andava havia luas com a carta
hesitava em destiná-la
aborrecia pensar nas demoras
inquietava pensar que mudando de cidade
os rumos são outros
vê-se no céu o crescente ao contrário
a incidência é outra do sol ao despertar
desorientação
assim como a planta deslocada
de uma para outra janela longe
se inclina a buscar a nova luz
o que estava ao norte
deslocou-se para o sul

O mundo longe

vivo à distância
aquém do céu plúmbeo
carregado do tormento
do todo acontecendo
como pode ser assim?
com que direito?

pessoas passam incertas
como quem carrega dentro
o peso de um segundo corpo
o desconsolo a carga do finito

aqui e não tão longe
iguais se dilaceram

No Paraíso

busca-se ali uma fonte
fonte da simultaneidade
busca-se com as mãos
os dedos em forquilha

à noite a poça que se forma é opaca
vez por outra se ouve
o movimento de animais
que não são vistos
entre os galhos altos
cintila a geometria das aranhas tecedeiras

ao pé da árvore há um farnel de figos frescos
no estanco há peixes de pequena captura
e sapos à volta que se escutam

no continuado rumor do arvoredo
um sibilo se insinua
e assusta

NOTAS DA AUTORA

Este livro tudo deve ao olhar agudo, à confiança depositada, à confiança gerada e à vigilância de Heloisa Jahn, exímia editora e douta. Muitos textos sobreviveram à extinção, nutridos pela sensibilidade, a paciência e o generoso estímulo de meu amigo poeta, Francisco Alvim.

Vive nestas páginas a memória de meus pais, Mario e Mary. E vive a memória de Luiz Duprat, irmão de escolha, e José Luis de Dios, pintor e aedo. No pensar constante estão meus filhos Livia, Bel e Quito, a nora, Lucia, e os netos, Pedro, Ines e Antonio.

As notas são inspiradas pelas de Lucie Brock-Broido em seus livros *Stay, Illusion* e *A Hunger* (Alfred A. Knopf, New York, 2013). As minhas não aspiram a precisão. Algumas são apenas indicadoras de *locus*.

Um sobrevoo da Guatemala - **No ar.**

Corvos parte da lembrança, sobre trilhos, de um longínquo e estridente corvejar na zona portuária de Nova York.

Gotham City são dois tempos na mesma cidade.

Estamos, **No gabinete**, à orla da lagoa Rodrigo de Freitas, Rio de Janeiro.

Do repertório popular tradicional anglo-saxão, ***The Black-Jack Gypsy*** era cantado em família. Histórias de *horse-whisperers* e da fatal atração exercida por ciganos de olhos cor de bruma sobre nobres damas e inocentes criaturas amalgamam-se à lembrança da fascinada leitura de *Lavengro* e *The Romany Rye*, de George Borrow, reunidos num volume extraviado há muitos anos.

The Hunting Song of the Seonee Pack, do *The Jungle Book* de Rudyard **Kipling.**

Mares do Norte: a doce Galícia no verão. A memória de José Luis de Dios e sua presença nas telas. A querida *meiga* Esther Casal, a Perla.

O leão adormecido é uma praia frequentada por veranistas no litoral limenho.

Durante um concerto ao ar livre, um jovem indígena de Otavalo se ausenta sem ruído.**Quem se lembra**?

Petroglifos. A Mary Lou Parra de Hay.

Minha mãe entoava uma canção do cancioneiro brasileiro ou ibérico, não sei, em que os cabelos da menina enterrada cantavam como a chorar suas mágoas. **Mamita.**

Em **Na mata**, **Redes e casuarinas**, **O cacto** e **Catarineta**, estamos na praia Rasa, atualmente Búzios, antes Cabo Frio, no litoral fluminense. Meu pai cantava os versos citados no último texto como sendo do cancioneiro ibérico.

ÍNDICE DE POEMAS

SOBRE A AUTORA

VERA PEDROSA nasceu no Rio de Janeiro. Passou parte da infância nos Estados Unidos. Licenciou-se em filosofia pela Faculdade Nacional de Filosofia. Jornalista, foi repórter e redatora no *Jornal do Brasil* e no *Correio da Manhã*, escrevendo sobre artes plásticas. Entrou para o Instituto Rio Branco em 1966. Como diplomata, viveu em Madri, Lima e Paris. Exerceu funções na Secretaria de Estado das Relações Exteriores, no Ministério da Cultura e na Presidência da República. Foi embaixadora em Haia, Quito, Copenhague e Paris.

Publicou em edições do autor os livros: *Poemas* (1964), *Perspectiva Naturalis* (1978) e *De onde voltamos o rio desce* (1979). Teve poemas incluídos em *26 poetas hoje* (1976), antologia organizada por Heloisa Buarque de Holanda. Pela editora Bem-te-vi, publicou uma seleção de poemas dos três livros anteriores intitulada *De onde voltamos o rio desce* (2011).

Tem três filhos e três netos. Atualmente vive no Rio de Janeiro.

POESIA CONTEMPORÂNEA BRASILEIRA

Mário Alex Rosa Via férrea

Alice Sant'Anna Rabo de baleia

Alcides Villaça Ondas curtas

Laura Liuzzi Desalinho

Fernando Paixão Porcelana invisível

Vera Pedrosa A árvore aquela

COORDENAÇÃO EDITORIAL Heloisa Jahn
REVISÃO Fabiano Calixto
PROJETO GRÁFICO Tereza Bettinardi
COMPOSIÇÃO Mário Ferraz
PRODUÇÃO GRÁFICA Sirlene Nascimento

Nesta edição, respeitou-se o novo Acordo Ortográfico da Língua Portuguesa.

Dados Internacionais de Catalogação na Publicação (CIP)

Pedrosa, Vera [1936-]
A árvore aquela: Vera Pedrosa
São Paulo: Cosac Naify, 2015
96 pp.

ISBN 978-85-405-0971-9

1. Poesia brasileira I. Título

CDD 869.91

Índices para catálogo sistemático:
1. Poesia: Literatura brasileira: 869.91

COSAC NAIFY
rua General Jardim, 770, 2º andar
01223-010 São Paulo SP
cosacnaify.com.br [11] 3218 1444
atendimento ao professor [11] 3823 1473
professor@cosacnaify.com.br

FONTES Flama e Nyte
PAPEL Polén Soft 80 g/m²
IMPRESSÃO Geográfica